## Impressum:

© 2016 Olaf Keser-Wagner

Bildnachweis:

Alle Bilder © Olaf Keser-Wagner

3. Auflage 2016

Herstellung und Verlag:

BoD – Books on Demand, Norderstedt.

ISBN: 978 3 8391 8993 1

# DIE GESPRÄCHSLANDKARTE
# 8X8®
## UND DAS
## ERICH-MODELL®

Zwei Modelle zur Einführung von evokatorischer Führung in Unternehmen.

Olaf Keser-Wagner
Evokator, Trainer, Coach

www.8x8uke.de

# _Inhalt_

# _Vorbemerkung_

Dieses Buch wäre nicht entstanden ohne die großartige Hilfe meiner Frau, die mir für viele Forschungsfragen den Rücken frei gehalten hat.

Neben ihr haben mich Kolleginnen und Kollegen begleitet und zahlreiche Seminarteilnehmer die Wirksamkeit der Gesprächslandkarten bestätigt.

Das Bedürfnis, Führung auf Augenhöhe zu ermöglichen und in einer Zeit zu gestalten, in der sich immer schneller die Umgebungsvariablen ändern, ist es nicht verwunderlich, wenn sich auch Führung ändern muss. Anders als noch vor 10 Jahren bedeutet Führung heute viel stärker Partnerschaft und Anerkennung der Fähigkeiten der Mitarbeiter.

Gleichzeitig stellt dieses Buch einen Anfang dar für ein ausführlicheres Buch, welches die Kunst des Führens durch Evokation genauer beschreiben wird.

Wenn es Ihnen gefallen hat, dann empfehlen Sie es weiter – sollten Sie Fragen und Anmerkungen haben, wenden Sie sich gerne an mich.

München, im Januar 2018

# _Die Gesprächslandkarte 8x8®_

_**Eine Landkarte zur Förderung organischer Entwicklungen in Organisationen**_

In der Organisation steckt das Organ als Begriff. Ein Organ zeichnet sich vor allem dadurch aus, dass es eine geschlossene Einheit bildet und ganz bestimmte Funktionen übernimmt, die notwendig sind, damit ein System perfekt arbeitet. Die Entwicklung der Organe vollzieht sich durch ihren Gebrauch; so entwickeln sich etwa unsere Sinnesorgane, indem wir unsere Sinne in Anspruch nehmen.

Hugo Kükelhaus, der Begründer des Erfahrungsfelds zur Organentfaltung, das sich später zum Erfahrungsfeld zur Entfaltung der Sinne und des Denkens entwickelte, sagt:

_„Was uns erschöpft, ist die Nichtinanspruchnahme der Möglichkeiten unserer Organe und unserer Sinne, ist ihre Ausschaltung, Unterdrückung ... Was aufbaut, ist Entfaltung. Entfaltung durch die_

*Auseinandersetzung mit einer mich im Ganzen herausfordernden Welt."*[1]

Ebenfalls von ihm stammt folgendes Zitat:

*„Das Leben lebt vom Reiz. Der Reiz seinerseits ist wiederum etwas sehr Verletzliches – das heißt, er darf weder zu stark noch zu schwach sein. Schwache Reize führen zur Entstehung von Organen, mittelstarke kräftigen sie; starke Reize hemmen und überstarke Reize zerstören."*[2]

Überträgt man diese auch von der Hirnforschung bestätigten Thesen[3] auf die Entwicklung von Organisationen, stellen sich folgende Fragen:

- Was sind Organe in Unternehmen bzw. Organisationen?

---

[1] http://www.hugo-kuekelhaus.de/cms/index.php?option=com_content&task=view&id=13&Itemid=27, Stand, 8.8.2010.

[2] http://www.hugo-kuekelhaus.de/cms/index.php?option=com_content&view=frontpage&Itemid=1&lang=de, Stand 8.8.2010.

[3] Vgl. z. B. Hüther, Gerald: Bedienungsanleitung für ein menschliches Gehirn (Sammlung Vandenhoeck), 2009; oder Spitzer, Manfred, Lernen: Gehirnforschung und die Schule des Lebens (Spektrum), 2006.

- Welches sind die auf sie einwirkenden Reize?
- Wie erkennen wir schwache oder starke Reize?
- Wie erkennen wir die Reize, die für die zukünftige Entwicklung notwendig sind?

**Was genau sind Organisationen?**

Organisationen sind Zusammenschlüsse von Menschen verschiedenster Fähigkeiten und Wahrnehmungen, die sich gemeinsamen Aufgaben stellen – wie zum Beispiel Wirtschaftsunternehmen, aber auch Schulen oder Vereine. Abhängig von diesen Fähigkeiten und Wahrnehmungen bilden sich Abteilungen heraus, ebenso wie bestimmte Fachsprachen und Verhaltensweisen der Menschen, die der Organisation angehören. Gleich, welche Aufgabe dort nun vorgegeben ist: Sie wird immer dadurch bewerkstelligt, dass diese Menschen miteinander kommunizieren. Übertragen bedeutet das, die Kommunikationsstruktur eines Unternehmens übernimmt die gleiche Aufgabe, die das Blut und das Nervengeflecht in einem Organismus wahrnehmen. Die Fachkompetenzen der einzelnen Abteilungen sind etwa vergleichbar mit Niere, Lunge, Leber oder Herz.

Entscheidend ist, dass Menschen in einer Organisation ihre jeweiligen Fähigkeiten zu denken, zu fühlen und zu handeln einbringen. Diese sind also Schlüsselfaktoren für die Entwicklung der Organisation.

Die Herausforderung besteht darin, diese Fähigkeiten zu erkennen und so zu nutzen, dass sie die Organisation fördern.

**Was sind die einwirkenden Reize?**

Durch biografische Erfahrungen sowie durch vererbte und kulturell bedingte Lebensmöglichkeiten entstehen in Menschen eigene Bilderwelten, Motivationen und Urteile. Diese treffen in der täglichen Realität auf konkrete, physisch-faktische Situationen. Aus dem Zusammenspiel beider Faktoren – der inneren Bilderwelten und der äußeren Gegebenheiten – entsteht ein Urteil über die Situation und damit auch eine Orientierung, welche Schritte als nächste umzusetzen sind. Innen und Außen begegnen sich im JETZT des einzelnen Menschen in der Organisation, das heißt, in der Frage oder dem Problem, das sich gegenwärtig stellt.

Die Reize der Außenwelt können vier Grundqualitäten[4] zugeordnet werden, die von den Menschen in der Organisation grundlegend beeinflusst werden und damit maßgebliche Veränderungen bewirken können.

---

[4] Ferdinand J. C. Koolwijk, Außer Reden nichts gewesen? (Bertelsmann), 1998.

*Abbildung 1: Uhr - Symbol für zeitliche Aspekte*

Die Frage ist bekannt: Bis wann soll es fertig sein? Damit wird ein konkreter Zeitpunkt angesprochen. Aber auch wiederkehrende Ereignisse oder Rhythmisierungen, wie etwa wöchentliche Besprechungen, haben Zeit-Qualität. Ein tiefer gehendes Verständnis für Zeitabschnitte führt zu Fragen wie: In welcher Lebensphase stecken die ausführenden Menschen, und in welcher Lebensphase steckt das Unternehmen?

# Ort

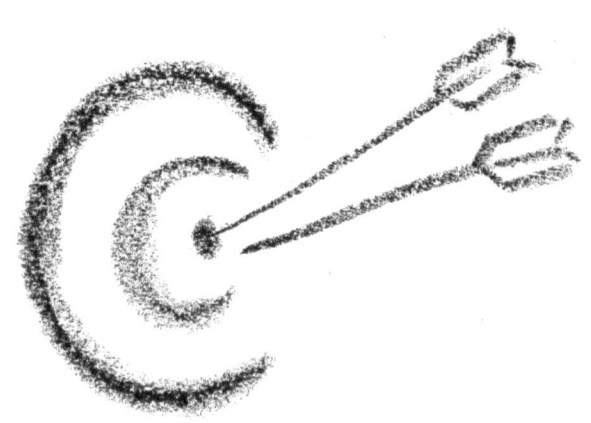

*Abbildung 2: Zielscheibe - Symbol für Orts- und Zielqualitäten*

Die Räumlichkeiten und auch der Standort einer Organisation haben Einfluss auf die Qualität der Entwicklungsprozesse. In welcher Umgebung werden Meetings abgehalten? Zieht man sich für eine Klausur in ein Kloster zurück oder hält man sie in den eigenen vier Wänden ab? Aber auch Materialien, die zur Anwendung kommen, sind Orte. Hier hat die Computertechnologie vieles möglich gemacht: Wir können uns beispielsweise in Programmen mithilfe von Grafiken räumlich in den Aufgaben orientieren. Dies geschieht jedoch häufig nur virtuell und nicht als sinnlich erlebbare Orts-Qualität. In Trainings bedient man sich daher oft Soziometrien, Aufstellungen oder setzt „Papierschlachten" ein, die im Gegensatz zu gestylten Beamer-Präsentationen eine konkrete Wahrnehmung ermöglichen und einen direkten Bezug zu Orts-Qualitäten schaffen. Auch wie sich etwa das Geschäftspapier anfühlt oder wie handschriftliche Anweisungen oder Notizen aussehen, sind Ausprägungen von Orts-Qualitäten.

*Abbildung 3: €-Symbol für Geld und Wertigkeit*

Eine Arbeitsstunde in Indien, das ist allgemein bekannt, kostet nur einen Bruchteil der Summe, die für eine Arbeitsstunde in Europa fällig wird – obwohl die ausführenden Menschen exakt das Gleiche tun. Das Beispiel macht deutlich, wie sich Ort und Zeit als zusätzliche Komponenten in ein stimmiges Gleichgewicht bringen müssen.

Geld ist eine weltweit anerkannte „Sprache", mit der Dingen ein Wert verliehen wird – über den Faktor Geld werden häufig die Geflechte zwischen Menschen, Zeiten und Orten deutlich. Geld ist damit nicht nur Zeit, sondern vielmehr verbindendes Glied zum Leben.

## Beziehung

*Abbildung 4: Face to Face - Symbol für Beziehungsqualitäten*

Während die zuvor genannten Qualitätskategorien im Projektmanagement recht bekannt und verbreitet sind, findet die Frage, welche emotionale, motivierende Beziehung eine Aufgabe zu den Durchführenden hat, noch relativ wenig Beachtung. Diese Kategorie wirkt vor allem in den inneren Möglichkeiten der Organisationsmitglieder. Im Zuge zunehmender Individualisierung, situativer

Führungsstile und Personalentwicklung wird dieser Aspekt leider oft noch nicht tiefgreifend genug behandelt.[5] Würde man die Beziehungsqualität stärker in Betracht ziehen, könnte sich der Begriff der „Personalentwicklung" mehr und mehr in Richtung einer „Persönlichkeitsentwicklung" verschieben, was für das Unternehmen wie auch die Mitarbeiter von Vorteil wäre.

**Reizstärken**

Schwieriger wird es, die Stärke der Reize zu beurteilen und zu messen. Denn abhängig von den persönlichen Motivationslagen werden äußerliche Reize sehr verschieden aufgenommen[6]. Häufig gibt es schon frühzeitig Anzeichen, dass die Kunden eine Veränderung erwarten, diese werden jedoch nicht

---

[5] Vgl. auch Reinhard K. Sprenger: Aufstand des Individuums: Warum wir Führung komplett neu denken müssen, (Campus) 2004; oder Fred Kofmann: Meta-Management; (Inspire! Kamphausen) 2005.

[6] Zum Thema intrinsische Motivation ist die MotivationsPotenzialAnalyse ein ausgezeichnetes personaldiagnostisches Werkzeug. Über die Hintergründe und Grundlagen vgl. z. B. http://8x8uke.de/wie-unsere-werkzeuge/motivationspotenzialanalyse-mpa/

wahrgenommen. „Das haben wir immer so gemacht – es funktioniert doch" oder „Ich kann nicht sehen, wo das Problem liegt" sind typische Aussagen, die einerseits zeigen, wie sehr Menschen in Gewohnheiten verhaftet sind, und andererseits einen Hinweis darauf geben, wie es um die jeweilige Aufmerksamkeitsfähigkeit bestellt ist.

Um die entscheidenden schwachen Reize zu erkennen, muss also sowohl an den Gewohnheitsstrukturen als auch an der Aufmerksamkeitsfähigkeit gearbeitet werden.

### Zukunftsreize

Darüber hinaus strömen viele Reize auf uns ein, die jedoch bei Weitem nicht alle zukunftsweisend für die Organisation sind. Zukunftsfähigkeit bzw. die Fähigkeit zu unterscheiden, was in der Zukunft für die Organisation von Bedeutung ist, hängt von einem SINN für die Zukunft ab, der hier ganz wörtlich als eine Art „Sinnesorgan" zu verstehen ist.

Ein Sinn für die Zukunft kann entstehen, wenn die einwirkenden Reize in ein Verhältnis zu den Unternehmensaufgaben gesetzt werden. Dies wird häufig durch Kontrollmechanismen versucht. Dabei muss im Vorfeld ein Cluster gebildet werden, nach dem die Reize ausgewertet werden. Dieses Cluster wiederum bildet man meist aus Erfahrungswerten und den Parametern der Vergangenheit – wie viel Platz bleibt da für die Zukunft und das Neue?

## Das 8x8 für Führung und Verantwortung

Die Methode 8X8 geht auf die dynamische Urteilsbildung von Lex Bos[7] zurück, einem holländischen Soziologen und Unternehmensberater, und auf die „Theorie U" von C.O. Scharmer[8], Senior Lecturer am MIT in Boston und Gründer des Presencing-Institute. Weitere Einflüsse kamen durch C. v. Houten[9] und F. v. Koolwijk[10] hinzu. Das Modell wurde im Rahmen verschiedenster Seminare weiterentwickelt und auf seine

---

[7] Lex Bos, Urteilsbildung in Gruppen; Polarität und Rhythmus als Schlüssel zur Entwicklung sozialer Organismen – Dissertation von 1974, die deutsche Version ist erhältlich bei DIALOOG, stichting ter bevordering van Dynamische Oordeelsvorming®, Roemer Visscherstraat 4, 8023 AM ZWOLLE, E-mail; Stichting Dialoog stichting@dialoog.net.
Zur praktischen Anleitung siehe auch: Susanne Bächtold, et al., Dynamische Urteilsbildung: Urteilen und Handeln mit der Lemniskate. Ein Handbuch für die Praxis (Haupt), 2006.

[8] Claus Otto Scharmer, Theorie U: Von der Zukunft her führen: Prescencing als soziale Technik (Carl-Auer), 2009.

[9] Coenraad van Houten, Erwachsenenbildung als Willenserweckung (Verlag Freies Geistesleben), 1999.

[10] s. Fußnote 4.

Prozesstauglichkeit geprüft – so etwa in Führungskräfte-Workshops internationaler Konzerne, aber auch in speziellen Bereichen wie dem „Erfahrungsfeld-Bauernhof e. V." Es ist einfach zu merken und lässt sich sowohl auf simple Entscheidungsfindungen als auch auf komplexe Change-Prozesse anwenden. Entstanden ist ein Grundbild, das durch die Formel 8x8 wiedergegeben werden kann.

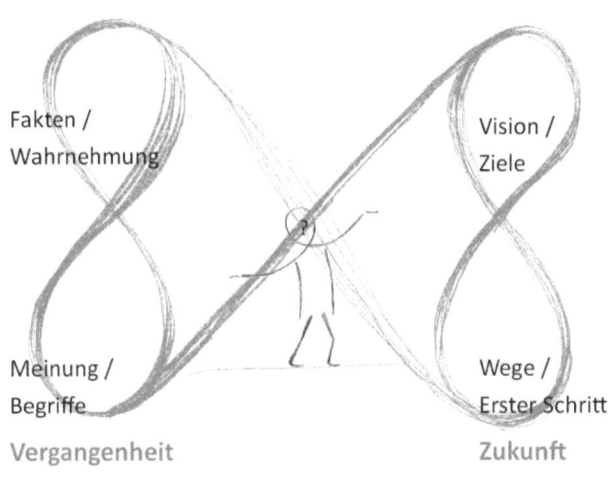

Abbildung 5: Dynamische Urteilsbildung nach Lex Bos

## Symmetrie

Drei Glieder kennzeichnen das 8x8: Die linke 8 steht für den Blick in die Vergangenheit, die rechte 8 für den Blick in die Zukunft. In der Mitte (Gegenwart) steht das X. Dieses X lässt sich als „das Kreuz mit der Gegenwärtigkeit" beschreiben: In der Gegenwart treffen sich die persönliche Lebensgeschichte des Verantwortlichen und seine innere Einstellung gegenüber äußeren Gegebenheiten. Beide Faktoren – innere Einstellung und äußerliche Gegebenheiten – können sich fortwährend verändern.

Hier liegt der Ansatzpunkt verborgen, von dem aus wir den Prozess JETZT steuern können. Dazu bedarf es jedoch einer Analyse der vergangenen Situationen und einer unternehmerischen Entscheidung mit Blick in die Zukunft. Interessanterweise ist es in diesem Modell gestattet, sich nicht an eine Reihenfolge zu halten. Es hat sich in Gesprächen bewährt, dass der Organisations-Entwicklungs-Begleiter nicht auf einer strengen Abfolge beharrt, sondern flexibel auf die Bedürfnisse und Möglichkeiten der Organisation eingeht und diese dabei in Bezug zur notwendigen Analyse und Vision setzen kann.

In der Vergangenheit findet sich das Innen-Außen-Verhältnis als Analyse wieder: Fakten, Wahrnehmung, also von jedermann wahrnehmbare, konkrete Situationen, wie etwa Gesetzestexte und Verabredungen, treffen auf die persönlichen Urteile, Meinungen und Begriffe der Menschen. Wenn etwa über Verantwortung gesprochen wird, zeigt sich, dass jeder Einzelne einen etwas anderen Begriff davon hat. Begriffe sind kondensierte Meinungen und können mit Hilfe von konkreten Situationsbeschreibungen auch für andere sichtbar und verständlich gemacht werden.

Die 8 enthält diese Polaritäten als dynamisches Bild (nach Lex Bos):

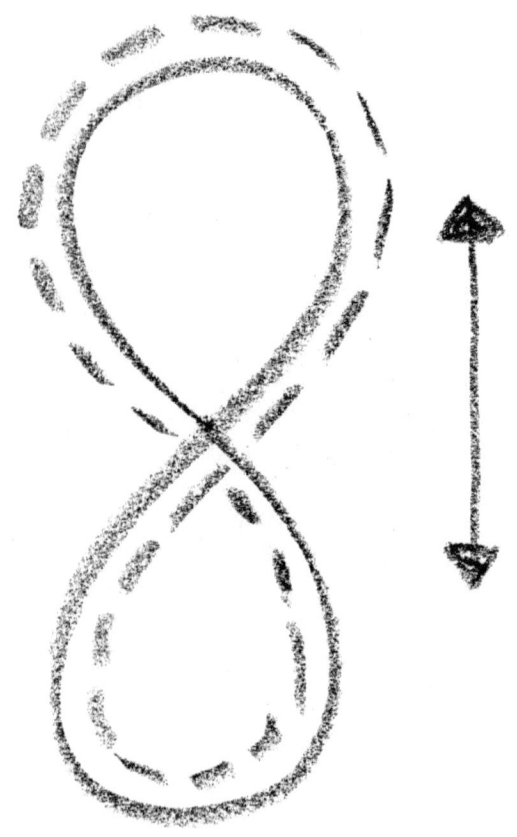

*Abbildung 6: Die 8 als Polarität - aufrecht gestellte Lemniskate*

Was oben innen ist, ist unten außen, und umgekehrt. Die gleiche Polarität herrscht auch auf der rechten Seite, der unternehmerischen Zukunft: Visionen und Ziele des Einzelnen treffen auf die in der Realität möglichen Wege.

Konkreter wird es, wenn man dort den ersten Schritt festhält. Ist dieser nämlich getan, hat sich das Faktenfeld in der Vergangenheit wieder verändert – oder auch das Meinungs-/Denk-Feld.

**Widerstände**

So einfach und klar diese Anordnung erscheint, so ist sie doch tiefgreifend wirksam. Dies rührt aus der Möglichkeit her, folgende drei Grund-Widerstände anzusprechen, die an den drei Kreuzungspunkten auftauchen:

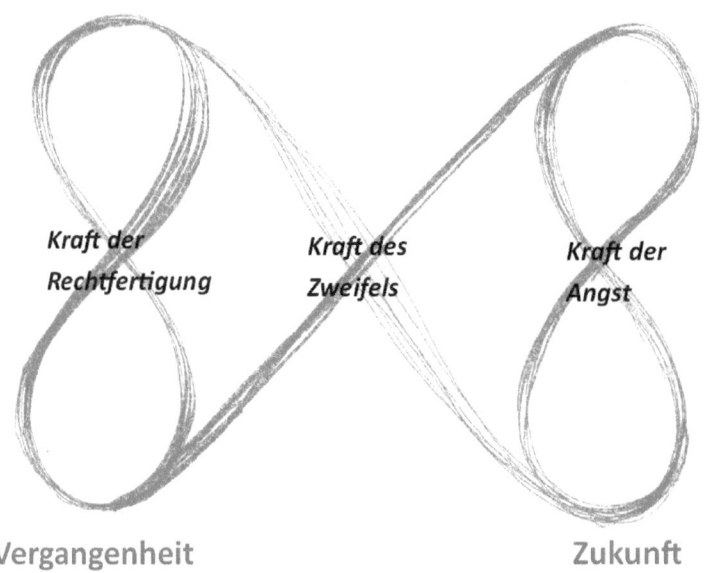

Kraft der Rechtfertigung   Kraft des Zweifels   Kraft der Angst

Vergangenheit   Zukunft

*Abbildung 7: Widerstände an den drei Kreuzungspunkten*

Es sind die Widerstände, die in Organisationen der Veränderung entgegenstehen und die hier als „Kräfte" bezeichnet werden.

## Kraft der Rechtfertigung

Sie ruft nach einem Ausgleich zwischen den Meinungen und den Fakten und kommt ins Spiel, wenn entweder noch wahrnehmbare Argumente fehlen oder eine Meinung so festgefahren ist, dass sie sich durch Fakten nicht erweichen lässt – ein Szenario, das beispielsweise der oben genannte Satz „Das machen wir doch immer so" veranschaulicht. Es ist auch möglich, dass bestimmte Fakten noch überhaupt nicht erfasst wurden, weil beispielsweise die Auseinandersetzung mit den vier Qualitätskategorien nicht hinreichend vorgenommen wurde. Ein typisches Phänomen ist auch das Auftauchen paradoxer Situationen, die jedoch ein gutes Anzeichen dafür sind, dass sich etwas Neues zeigen will.

## Kraft des Zweifels

Im „Zwei-fel" steckt die „Zwei" – zwei Richtungen: Vergangenheit und Zukunft treffen hier aufeinander und sorgen für ein Gefühl der Ambivalenz. Der Zweifel ist keine Rechtfertigungsangst, sondern kann auch auftreten, obwohl die Argumente für eine

Entscheidung angenommen wurden. Im Gegensatz zur Bewusstseins-/Denksituation in der Analyse und zur Rechtfertigung der linken 8 geht es hierbei vielmehr um eine Gefühlslage. Lösungen entstehen daher durch das Fokussieren auf die persönlichen Situationen und Wünsche einerseits sowie auf die Dinge, die für jedermann wahrnehmbar sind, andererseits. Kurz: durch Fokussieren auf die vier Felder, die das X umgeben.

## Kraft der Angst

Im Kreuzungspunkt zwischen Vision und Weg, wenn die anderen beiden Widerstände überwunden sind, kann ein weiterer Faktor entscheidend werden, nämlich die Kraft der Angst. Wenn die Spannung zwischen dem angestrebten Ziel und den Möglichkeiten, es zu erreichen, zu groß erscheint, reagieren Menschen mit Furcht, die ganz körperlich erlebt wird und die ein großes Hemmnis darstellt. Daher kommt es bei der Umsetzung von Zielen stark auf die richtige Schrittgröße an. Auch wenn Visionen einem großen Entwurf folgen, sollten sich die konkreten Schritte nicht durch plötzliche Veränderung vollziehen, sondern durch Kontinuität im Detail. Ist die Schrittfolge nicht eng genug, kann das ebenfalls den Widerstand gegen die Veränderung erhöhen.

## Das 8x8 des Gesprächs

Für Gesprächssituation hilft das zusammengefügte Grundbild, sich oder dem Gesprächspartner „die richtigen Fragen" zu stellen. Die eigenen Fragen reifen daran und es werden Wege deutlich, um den persönlichen Zielen näher zu kommen.

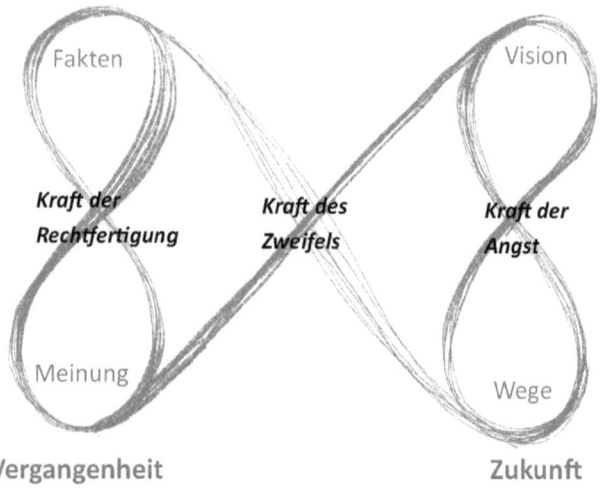

Abbildung 8: Gesprächslandkarte 8x8

## Die Arbeit mit dem 8x8 – Goetheanismus im Sozialen

Carl von Linné entwickelte die heute unserer Botanik zugrunde liegende Systematik der Pflanzen. Er betrachtete die Blattformen, die Anzahl der Blütenblätter, unterschiedlich gezackte oder glatte Blattränder. Daraus leitete er Pflanzentypen ab. Johann W. von Goethe studierte erst lange Linnés Arbeiten, ehe er seine Metamorphose der Pflanzen entwickelte. Seine Betrachtung unterscheidet sich vor allem dadurch, dass er beginnt, die Kräfte zu beschreiben, die in den Pflanzen für bestimmte Entwicklungen sorgen und damit zu entsprechenden Phänomenen führen. Übertragen wir dieses Bild, können wir heute feststellen, dass das 8x8 die Grundkräfte von Veränderungsprozessen zeigt und nicht die konkreten, messbaren Erscheinungen. Daher benötigt es wenige Begrifflichkeiten und lässt sich sehr flexibel einsetzen. Es liegt an JEDEM SELBST, diese Kräfte in ihrer konkreten Auswirkung in einer Situation zu beschreiben. Dies beginnt mit der Formulierung einer persönlichen Kernfrage, die als Zweifel in der Mitte des 8x8 steht. (Beispiel: „Wie unterstütze ich, dass Frau M. mehr Verantwortung übernimmt?" Nicht: „Wie unterstützt man, dass…")

## Richtung, Flow und Ermutigung

Claudia Klebach, Coach und Unternehmerin, mit der ich bereits über Jahre an dieser Thematik arbeite, schilderte kürzlich in einem Gespräch: „Das, was aus dem 8x8 als Gegenpol zu den Widerständen entsteht, ist doch Folgendes: Aus der Rechtfertigung entsteht Richtung, aus dem Zweifel entsteht Flow, und aus der blanken Angst entsteht Ermutigung."

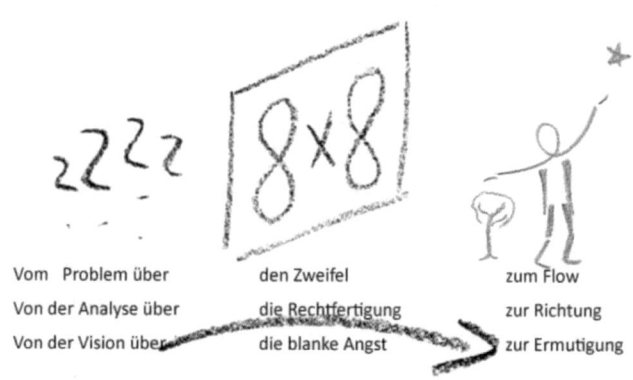

| Vom Problem über | den Zweifel | zum Flow |
| Von der Analyse über | die Rechtfertigung | zur Richtung |
| Von der Vision über | die blanke Angst | zur Ermutigung |

*Abbildung 9: Vom Problem zum Flow*

**Probieren Sie es selbst aus!**

Egal, ob Sie einen zukünftigen Entwicklungsschritt machen oder im Nachhinein eine Veränderung erkennen wollen – nehmen Sie ein Blatt Papier, unterteilen Sie mit zwei Bleistiftstrichen das Blatt in vier Felder und benennen Sie die jeweiligen Felder mit „Wahrnehmung / Meinung / Ziel / Weg". Oder laden Sie sich die Vorlage unter folgendem Link herunter: www.8x8uke.de/vorlage1

Schreiben Sie die persönliche Fragestellung, die Sie bewegt, in die Mitte und danach die Stichpunkte an die Orte der „Landkarte", die mit Ihrer Frage in Beziehung stehen. Halten Sie immer wieder kurz inne und stellen sich folgende Fragen:

- Was verändert sich an meiner Zielsetzung?
- Was verändert sich an meinen Möglichkeiten?
- Was verändert sich an dem, was ich wahrgenommen habe?
- Was verändert sich an meinen Meinungen?
- Ist die ursprüngliche Frage noch immer die richtige oder gibt es eine andere, vorher zu klärende Frage?

Notieren Sie auch die aufkommenden Ängste und Widerstände. Denken und spüren Sie Ihren Assoziationen nach und wie diese sich auf die Stichpunkte der anderen Felder auswirken.

**Ausblick**

Dieser Artikel gibt nur einen Bruchteil der Gesprächslandkarte wieder. Das 8x8 ist ein dynamisches und holistisches Modell, das an jede Situation angepasst werden kann. Dieses Modell kann im Rahmen einer Ausbildung intensiv erübt und erfahren werden. Weitere Modelle, die sich gut mit der Gesprächslandkarte 8x8 verbinden lassen, verfeinern die Kunst des Fragens. Eines davon ist das im nächsten Kapitel beschriebene ErIch-Modell[®]

Meine eigene Erfahrung in der Entwicklung der Gesprächslandkarte 8x8 zeigt mir, dass man bereits mit diesem Grundelement anfangen kann. Alles Weitere ist Ergänzung und Anwendungspraxis und kommt mit der Zeit durch die eigenen Erfahrungen in Bewegung. Die Forschung, wie das 8x8 in welchen Kontexten wirkt, hat gerade erst begonnen. In verschiedenen Projekten entstehen jedoch gerade Arbeiten, die das 8x8 als gemeinsame Sprachbasis nutzen, um einen Austausch zu ermöglichen und die Entwicklungsschritte beschreibbar zu machen.

# _Das ErIch-Modell®_

_oder: wie mache ich meine Mitarbeiter verantwortlich?_

**Von der Delegation zur Personalentwicklung – vom Auftragsempfänger zum Eigner**

Viele Führungskräfte jammern darüber, die Mitarbeiter und Mitarbeiterinnen wären nicht verantwortungsvoll. Sie müssten sich ständig um die Belange ihrer Mitarbeiter kümmern und kämen damit nicht zu den eigentlich wichtigen Aufgaben, die sie als Führungskraft innehätten. Oder aber ganze Projekte seien gefährdet dadurch, dass Mitarbeiter nicht mitdenken und sich nur auf ihren kleinen Aufgabenbereich konzentrieren, ohne die Auswirkungen auf das Gesamtprojekt sehen zu können.

Gleichzeitig kommt noch dazu, dass sich häufig die Rahmenbedingungen in den Projekten ändern und eine gestern noch positiv beurteilte Situation heute bereits zu einer Krise führen kann.

Sie kennen das?

Sie wollen das ändern?

## Von der Delegation zur Eignerschaft

Götz Werner, der Gründer von dm-Drogeriemarkt, sagte 2008 in einem Vortrag „Als mir klar wurde, dass ich irgendwann 1000 Filialen habe und die Führungskräfte immer zu mir kommen und mich fragen: Herr Werner, was machen wir mit ...? Als mir klar wurde, dass 24 Stunden am Tag nicht ausreichen, um diese Fragen alle zu beantworten, entschloss ich mich, jedem, der mit einer Frage kommt, zwei zusätzliche Fragen mit auf den Weg zu geben." Das habe ihn viel Überwindung gekostet, aber es war einer der Grundsteine für die Führungskultur bei dm-Drogeriemarkt. Mit diesen Fragen schaffte Werner es, dass innerhalb eines Monats sich die Verantwortlichen bewusst waren: „Wenn Du mit einer Frage zum Werner gehst, hast Du hinterher mehr Probleme als vorher – also suche selbst nach Wegen"[11]. Das wesentliche an dieser Entwicklung war der Mut zu einer Fragekultur. Nicht dass sich Werner damit den Eingriff in die Bereiche verhindert hätte – er durfte ja weiterhin seine Meinung kundtun. Aber als deutlich wurde, dass die

---

[11] http://www.adz-netzwerk.de/Unternimm-Dich-selbst-Unternimm-fuer-andere.php

Fragen ernst genommen wurden und vertieft wurden, konnte es gelingen, dass heute die Filialleiter große Verantwortung tragen und sehr viel Eigenständigkeit beweisen. Die Voraussetzung dafür: es müssen die richtigen Fragen gestellt werden. Was aber sind die „richtigen Fragen"?

Um es gleich vorweg zu nehmen: Es braucht etwas Zeit und Mut eine Fragekultur einzuführen – denn es geht um Menschen und um deren Verhaltensweisen. Gleichzeitig erscheint es sehr einfach. Aber die wesentliche Veränderung muss in Ihnen stattfinden.

## Hirnforschung

Aus der Hirnforschung der letzten Jahre wissen wir, dass unser Hirn mehr ein „Speicherorgan" und ein „Filter" als eine „Denkfabrik" ist. Dieses Organ hat – aufgrund der persönlichen Erfahrungen seines Besitzers oder seiner Besitzerin – bestimmte Annahmen stärker ausgeprägt und andere schwächer. Das geschieht durch Ausprägung von „Datenautobahnen" mit Hilfe der Nervenzellen und ihrer Verbindungen zu anderen Nervenzellen über sogenannte Synapsen.[12]

Mit diesen Datenautobahnen tendieren wir dazu, uns bekannte und auch neue Situationen zu beurteilen – durch unsere sehr persönliche Brille. Diese Brille ist leider unsichtbar, zeigt sich jedoch in vielen Verhaltensweisen und eben „Denkweisen". Mögliche Werkzeuge, diese Brille darzustellen, sind die MotivStrukturAnalyse® (MSA)[13], oder die weiter entwickelte MotivationsPotenzialAnalyse (MPA)[14], die die eigene Einschätzung und die Ausprägung der eigenen Brille in einem psychologischen Testverfahren misst und darstellt.

Die Hirnforschung hat aber auch gezeigt, dass wir fähig sind, auch im hohen Alter noch Neues zu lernen und unsere Denk-Strukturen zu verändern. Dies benötigt aber – und das ist das Schwierige daran – echte, körperliche

---

[12] Vgl. http://www.br-online.de/br-alpha/geist-und-gehirn/index.xml
[13]
http://www.msaprofile.de/doc/MSA_AnwendungsInfo.pdf

[14] http://www.motivation-analytics.eu/

Sinneserfahrung. Wenn möglich, sogar wiederholt und eintrainiert, sodass sich die neuen Synapsen auch bilden können und für spätere Situationen zur Verfügung stehen. Eine hilfreiche Methode dafür ist das Züricher Ressourcen Modell® (ZRM)[15]. Es arbeitet nicht nur mit der Erarbeitung von Zielen, sondern verankert diese auch bis in körperliche Erinnerungsanker hinein.

**Verantwortung – was ist das?**

In zahlreichen Workshops habe ich Mitarbeiter in Teams nach ihrer Rolle und ihrer Verantwortung gefragt. Jeder ist sich dabei sicher, dass er seine Rolle einigermaßen gut kennt und weiß, was Verantwortung bedeutet. Wenn Sie aber nach einer konkreten Definition fragen – erst recht im interkulturellen Kontext – dann bekommen Sie von jedem Mitarbeitenden eine etwas andere Antwort. Das ist nur verständlich und menschlich: Nach der oben geschilderten Brille beurteilt jeder die möglichen Situationen sehr unterschiedlich.

---

[15] http://www.netzwerk-gemeinsinn.net/content/view/504/46/

Ein erster Schritt, die Mitarbeiter in Verantwortung zu bringen – besteht darin, dass man einen gemeinsamen Kernbegriff sich erarbeitet hat, an dem konkret zu erfragen ist, ob und wie jeder seine Verantwortung definiert.

Entstanden ist eine Beschreibung, die sich in einem Satz zusammenfassen lässt:

**Ich kann, will und soll Entscheidungen treffen und kenne Konsequenzen.**

Zu jedem der einzelnen Begriffe gibt es eine kleine Erläuterung:

**Entscheidungen treffen und Konsequenzen kennen**

Grundlegende Voraussetzung, dass jemand Verantwortung übernehmen kann, ist die Tatsache, dass er in Bezug auf die Aufgabe Entscheidungen treffen kann. Dabei steckt bereits im Begriff der Entscheidung auch die Scheidung. Die Scheidung von anderen, zielführenden Wegen. Sonst handelt es sich nicht um eine Entscheidung, sondern um eine Notwendigkeit!

Eine Entscheidung muss sich also mit Konsequenzen befassen: sowohl den positiven (andere zielführende Wege) als auch den negativen. Und die Negativen kann ich sehr gut hinterfragen mit der einfachen Frage: „Was passiert, wenn diese Entscheidung nicht zum erwarteten Ziel führt?"

## Können und Sollen

Um Entscheidungen treffen zu können, sind verschiedene Voraussetzungen zu erfüllen: Der Verantwortliche muss fachliche Fähigkeiten haben, um die Thematik zu verstehen. Er muss aber auch soziale Fähigkeiten haben, um im Verbund mit den Teammitgliedern, den Kunden, den Lieferanten so zu agieren, dass er seine Entscheidungen dort vertreten kann. Dies bezeichne ich als das KÖNNEN.

Außerdem muss der Verantwortliche sehr präzise wissen, was am Ende erwartet wird. Nehmen wir zum Beispiel einen Koch in einem Restaurant: Er muss wissen, was der Kunde erwartet. Der Kunde ist ja kundig und kann also das Produkt auch beurteilen. Jedoch der Kunde misst es mit seinen eigenen Maßstäben. Diese Maßstäbe bestimmen das SOLLEN ganz enorm.

Selbstverständlich spielen auch kulturelle Kenntnisse eine Rolle. In einem China-Restaurant wird man nichts Italienisches zu Essen bestellen. Und in Indien sind die Rahmenbedingungen für den Bau eines Kraftwerks andere, als in Holland... Es gibt folglich unausgesprochene

Qualitätskriterien, die sich auf den Prozess und den Dialog zwischen den Teilnehmenden auswirken.

## Wer bitte schön ist ICH?

Häufig leidet die Delegation von Verantwortung bereits daran, dass sie auf zu viele Schultern verteilt wird. Unklare Trennung der Verantwortungsbereiche zwischen mehreren Teammitgliedern führt im Falle eines Fehlers oft zu Schuldzuweisungen und stundenlangen Diskussionen, weil jeder davon ausgeht, der Andere habe doch diese Verantwortung gehabt.

Entscheidend für eine Verantwortungskultur ist die klare Tatsache, dass Menschen zur Verantwortung Ja sagen müssen: Und das heißt erst mal, dass es zumindest eine Telefonnummer, einen Platz im Büro, einen konkreten Namen – sprich einen Menschen gibt, den man auch Fragen kann. Schließlich hat Verantwortung ja etwas mit Antworten zu tun – und die gibt nun mal der Mensch und nicht der PC oder ein Modell.

## Das Wollen

Häufig wird davon ausgegangen, dass die Führungskraft dem Mitarbeiter die Verantwortung einfach übertragen könne. Ich habe oft nachgefragt, ob Führungskräfte ihren

Mitarbeitern Verantwortung übertragen, wenn Sie den Eindruck haben, diese wollten Verantwortung definitiv nicht übernehmen. Aussagen wie „Wir müssen leider" oder „Am liebsten überhaupt nicht" sind dann erste Reaktionen. Diese Aussagen weisen jedoch darauf hin, dass die Führungskraft sich der Konsequenzen bewusst ist (was ja schon mal ein guter Hinweis auf ihre Verantwortlichkeit ist). Das Wollen entsteht als ein Gefühl von Evidenz zwischen den fünf anderen Feldern: Entscheidungen – Konsequenzen – Können – Sollen – ICH.

Das Wollen hängt sehr davon ab, mit welcher persönlichen Brille der Mitarbeitende die ihm zu delegierende Aufgabe betrachtet. Häufig habe ich erlebt, dass Mitarbeiter sagten: Ich kann nicht anders, sonst verliere ich meinen Job" Das ist einerseits richtig. Vor dem Hintergrund des oben geschilderten Verantwortungsbegriffes zeigt es aber auch: Der Mitarbeiter übernimmt für sein Leben eine höhere Verantwortung als für das Projekt. Seine Entscheidung, die Verantwortung nicht zu übernehmen, hätte die Konsequenz, dass er seinen Job verlöre. Da er aus der Verantwortung für seine Familie diese Konsequenz nicht tragen will, sagt er – eben ohne ein entsprechendes Evidenz-Gefühl – Ja zu der Verantwortung. Eine daraus resultierende

Folge ist die Schuldzuweisung auf andere, die nicht rechtzeitig geliefert haben oder nicht richtig informiert haben etc.

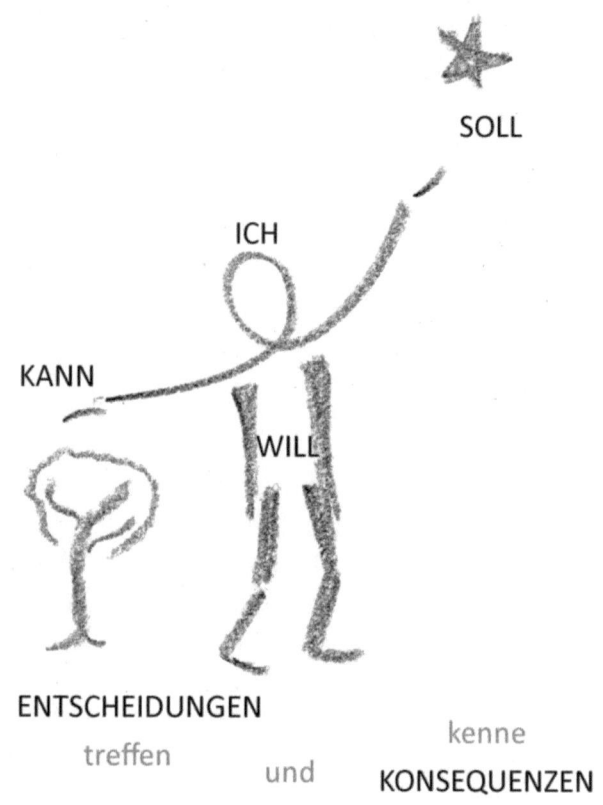

*Abbildung 10: ErIch-Modell*

## Das Magisches Dreieck unterstützt den Klärungsprozess

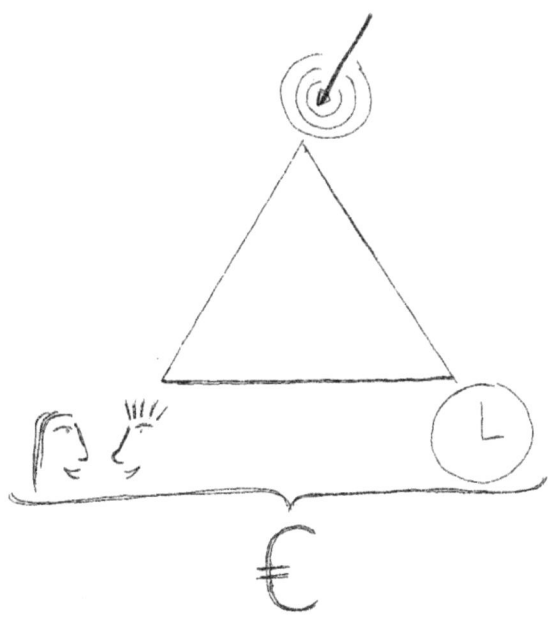

*Abbildung 11: Magisches Dreieck - Ort, Zeit, Beziehung und Geld*

Im obigen Kapitel „Was sind die einwirkenden Reize?" ab Seite 12 wird von vier Steuerungsfaktoren gesprochen. Diese kann man auch als ein Dreieck darstellen, welches ich das „Magische Dreieck" genannt habe.

Es hat sich als außerordentlich hilfreich erwiesen, Verantwortungs-bereiche in drei verschiedene

Kategorien und Kombinationen aus diesen zu Clustern:

- Inhaltsverantwortung,
- Prozessverantwortung,
- Beziehungsverantwortung.

Jeden Prozess, den wir anstoßen, jedes Projekt, das wir durchführen, jedes Produkt, das wir erstellen, unterliegt einerseits einer klaren Zielsetzung (Inhalt), andererseits einem Produktionsprozess. Darüber hinaus aber ist es vollkommen einleuchtend, dass der Prozess zur Erreichung des Ziels auf diejenigen Menschen abgestimmt sein muss, die diesen Prozess mitgestalten. Neben der Ziel- oder Inhaltsverantwortung und der entsprechenden Prozessverantwortung gibt es also auch noch eine Beziehungs-verantwortung.

Ein ähnliches Dreieck ist das bekannte „Time – Cost – Quality"[16]-Dreieck. Sie können Time mit Prozess gleichsetzen, Cost mit Inhalt und Quality mit Beziehung. Es gibt noch mehr solcher „magischen Dreiecke", die jedoch deutlich machen: Es geht nicht um einen linearen Ablauf

---

[16] http://en.wikipedia.org/wiki/Project_triangle

von Prozessen zu einem Ziel, sondern es geht immer um etwas mehr, was eben mit den beteiligten Menschen zu tun hat.

## Zwei Beispiele

Im Rahmen eines Workshops mit Managern und Ingenieuren eines Anlagenbauers wurden kritische Punkte in der Zusammenarbeit konkret besprochen. Ziel war es, die Verantwortlichkeiten zu klären und zu verbindlichen Aussagen zu kommen. Im Vorfeld war die obige Definition von Verantwortung erarbeitet worden.

Ein Document-Manager ist für die Sammlung von Dokumenten aus den verschiedenen Abteilungen verantwortlich. Sein persönliches Problem äußert er als „Kommunikationsschwierigkeit mit den Ingenieuren". Er hat eine überwiegende Prozessverantwortung: Aus einer Abteilung bekommt er die von ihm zu bearbeitenden Dokumente regelmäßig zu spät und nur auf großes Drängen und Nachfragen.

Über den oben geschilderten Verantwortungsbegriff wird nachgefragt, was er konkret getan habe. Er schildert seine Fähigkeiten mit Email, Telefon und sogar persönlichem Vorbeischauen, bis hin zu einem längeren Gespräch mit dem leitenden Ingenieur.

Seine letzte Ausweichmöglichkeit erscheint allen nur noch in der Eskalation nach oben. Während des Gesprächs wurde sehr deutlich, dass er ganz konkret schilderte, was er getan hat und welche Möglichkeiten und Wege er gesucht hat. Dabei wurde nachvollziehbar, wie er proaktiv mit seiner Aufgabe umging. Das Problem war nicht ein Kommunikationsproblem, sondern mangelnde Aktivität der Ingenieure, die mit Kommunikation nicht überwunden werden konnte.

Der leitende Ingenieur konnte ohne Probleme zugeben, dass die Prozessverantwortung des Document-Managers erfüllt war und das Scheitern der Aufgabe in seiner eigenen Verantwortung lag. Er trage die Inhaltsverantwortung für die Berichte und auch die Prozessverantwortung, dass diese Berichte rechtzeitig an den Document-Manager übergeben werden. Der Document-Manager nahm die Moderationskarte auf der das Ausgangsproblem stand und überreichte es mit der ernst gemeinten Frage: „Willst Du diese Verantwortung übernehmen?"

Der leitende Ingenieur fing an: „Ja, ... aber" und erläuterte dann, warum er nicht dazu komme, die Berichte rechtzeitig zu verfassen. Alle Gründe die er nannte beschrieb er in „Du-Botschaften" d.h. er machte andere Mitarbeiter verantwortlich, dass diese nicht rechtzeitig lieferten.

Während beim ersten Manager deutlich wurde, was er konkret und proaktiv unternommen hatte, zeigte sich beim zweiten Mitarbeiter, dass dieser sich seiner Verantwortung durch Beschuldigung von Anderen entzog. Es lag also kein „evidentes Wollen" vor, obwohl KÖNNEN, SOLLEN, ENTSCHEIDUNGEN und KONSEQUENZEN klar waren.

**Die richtigen Fragen**

Die hier geschilderte Idee der Eignerschaft lässt sich wie folgt zusammenfassen:

Verantwortung kann nur dann effektiv delegiert werden, wenn man mit den beteiligten Menschen gemeinsam die richtigen Fragen bearbeitet.

Die Beteiligten müssen selbst die Antworten hervorbringen, sonst sind sie am Lösungsprozess nicht beteiligt und entziehen sich ihrer Verantwortung

Mit den Fragen nach KÖNNEN – WOLLEN – SOLLEN – ENTSCHEIDUNGEN – KONSEQUENZEN und der Klärung ob es sich überwiegend um PROZESS-, INHALTS- oder BEZIEHUNGS-VERANTWORTUNG handelt entstehen gute

Beschreibungen der Aufgaben und Klarheit, ob gegebenenfalls noch andere Mitarbeiter hinzugezogen werden müssen.

Das für mich Überraschende an diesen Prozessen war ein Erlebnis nach Beendigung eines solchen Workshops:

Der Projektleiter Paul, sein Stellvertreter Stefan und ein Logistik-Manager Ludwig sitzen nach dem Workshop und 2 Stunden Autofahrt noch im Büro. Der Projektleiter will eigentlich nach Hause und beschwerte sich vorher immer über ellenlange Diskussionen am Rande des Tages. Der Stellvertreter hat während des Workshops eine E-Mail erhalten, aus der hervorgeht, dass ein bestimmtes Teil nicht rechtzeitig geliefert werden kann aufgrund logistischer Probleme. Er sagt dies seinem Projektleiter Paul. Dieser fragt Stefan: „Wer ist verantwortlich?" Stefan: „Ludwig" Ludwig nickt, sagt: „Wir haben morgen um 9:00 Uhr unsere Besprechung für die offenen Themen. Ich notiere mir das jetzt und um 11:00 Uhr morgen hast Du meinen Lösungsvorschlag!". Paul sieht alle kurz an, nickt dann und sagt: „Dann kann ich ja jetzt nach Hause gehen".

Die Größte Voraussetzung für diese Kultur, diese einfache, klare Absprache nicht zu missachten: Es ist das Vertrauen, dass der Projektleiter in die anderen Mitarbeiter steckt und den

Entscheidungsfreiraum, den er ihnen gewährt. Dieses Vertrauen zu gestalten und zu leben, bedarf Ihres Mutes. Fangen Sie an – sie werden verantwortliche Mitarbeiter bekommen.

Raum für eigene Notizen:

_____

_____

_____

_____

_____

_____

_____

_____

_____

_____

_____

_____

# *Der Autor*

Olaf Keser-Wagner, Evokator, Dipl.-Ing., MBA in Management and Communications, arbeitet als Unternehmens – Kultur - Entwickler in verschiedensten Organisationen mit der Gesprächslandkarte 8x8® und dem ErIch-Modell®.

Dazu gehören internationale Konzerne mit Teamentwicklungsprozessen, städtische Unternehmen mit Leitbildentwicklungen und Führungskräfteprogrammen genauso wie Kindergärten und Schulen oder im Bereich des Social Business das „Erfahrungsfeld Bauernhof", dessen Vorsitzender er ist.

Er lebt mit seiner Frau und zwei Kindern in München.

Besuchen Sie mich auch auf meiner Homepage und melden sich zum Newsletter an:

www.8x8uke.de

Dort finden Sie auch hin und wieder offene Veranstaltungen, bei denen Sie mich persönlich kennenlernen können.

In meinem Blog schreibe ich immer wieder aus verschiedenen Perspektiven des 8x8 oder schildere Beispiele aus der Praxis. Außerdem berichten dort Studierende des von mir begleiteten Studienganges von ihren Erfahrungen mit Seminarinhalten.

# *Weitere Themen*

Neben der Entwicklung der Gesprächslandkarte 8x8 und dem ErIch-Modell, sowie dem magischen Dreieck, fasziniert mich vor allem die Auseinandersetzung mit intrinsischer Motivation.

Als Reiss-Profil-Master (seit 2007), MSA-Berater (seit 2009) und als MPAexperte habe ich die Entwicklung der verschiedenen Methoden mit vollzogen. Alle drei Tools stellen durch ein online-basiertes Analyseverfahren die inneliegenden Motive als zentrale Persönlichkeitsmerkmale dar.

Das Reiss-Profil, benannt nach Steven Reiss, wurde von Dr. Andreas Huber nach Deutschland geholt. Dort stellte man jedoch fest, dass es eine neue Validierung braucht und entwickelte aus den Erfahrungen mit dem Reiss-Profil die Motiv-Struktur-Analyse MSA®. Stefan Lapenat, langjähriger Mitentwickler und erfahrener Trainer und Coach ging in den letzten Jahren noch einen Schritt weiter und entwickelte die MotivationsPotenzialAnalyse MPA.

Lernen Sie diese Tools kennen, fragen Sie mich gerne nach Anwendungsmöglichkeiten und glauben Sie mir: Diese Tools lassen sich hervorragend mit dem 8x8 verbinden.

## *Weitere Veröffentlichungen des Autors*

Sie wollen Kindern und Erwachsenen Naturerfahrungen ermöglichen? Sie wundern sich über Konzentrationsschwächen und Widerstände bei ihren Führungen? Sie suchen neue Möglichkeiten für Übungen oder wollen die Methodik des Erfahrungsfeldes Bauernhof kennenlernen?

Dieses Buch bietet Einblicke in die Hintergründe und Erfahrungen, die wir seit vielen Jahren im Umgang mit Menschen von 3-103 Jahren gemacht haben. Es bietet Übungsanregungen und zeigt die Methodik für ein Erfahrungslernen, welches sich an den Fragen der Teilnehmer orientiert.

Lassen Sie sich inspirieren! Versuchen Sie die Methode bei der eigenen Naturbeobachtung oder in der Begleitung von Gruppen, genießen Sie es, eigene Widerstände und Ermutigungen zu entdecken und finden Sie kreative Lösungen.

Claudia Klebach und Olaf Keser-Wagner gründeten 2009 das Erfahrungsfeld Bauernhof als eine Möglichkeit der echten Begegnung mit realen Bauernhöfen und anderen Orten der Urproduktion unserer Nahrungsmittel.

Inzwischen wird die von ihnen weiterentwickelte Methodik in vielen anderen Bereichen angewendet und beide arbeiten stets an der Verbesserung. Zahlreiche Führungen mit Schul- und Kindergartengruppen, Teamworkshops, aber auch die Führung der eigenen Mitarbeiter oder die Führungsfragen in Personalentwicklungsprozessen halfen den beiden, ihren Weg zu finden.

**Erfahrungsfeld Bauernhof: Führungen auf Bauernhöfen vom Erlebnis zur Erfahrung**; Claudia Klebach, Olaf Keser-Wagner, Verlag: Books on Demand, Norderstedt, 3. Auflage 2016; ISBN 978-3-7357-2340-6, Gebundene Ausgabe oder E-Book.

-

**Im Dialog kommt es auf die Haltung an.**

Ausgehend von einer Vielzahl von Berichten und Studien über die Notwendigkeit individueller Mitarbeiterführung und individueller Einkaufserlebnisse, arbeitet der Autor heraus, dass sich überschneidende Motivlagen in allen diesen Veröffentlichungen ergeben. Ergänzt durch neuere Berichte aus der Neurobiologie und Herangehensweisen der personal-diagnostischen Tools Reiss-Profil, MotivStruktur-Analyse und MotivationsPotenzialAnalyse, durchleuchtet er die Komplexität eines wirklich individuell zu führenden Dialogs.

Um aus dieser hohen Komplexität herauszukommen, schlägt Keser-Wagner vor, sich der Qualität von Dialogen mehr zu widmen und beschreibt am Beispiel von dm-Drogeriemarkt eine Dialogkultur in einem Unternehmen. Abschließend zeigt er auf, wie mit der "Dynamischen Urteilsbildung" von Lex (Alexander) Bos Dialoge in Zukunft anders geführt werden können.

**Im Dialog kommt es auf die Haltung an: Psychologische und neurowissenschaftliche Grundlagen zur Entwicklung einer Dialogkultur für Führungskräfte und in Vertrieb**

1. Auflage 2016, erschienen bei Books on Demand, Norderstedt. Gebundene Ausgabe oder E-Book

## *In eigener Sache*

Wenn ihnen dieses Buch gefallen hat, hinterlassen Sie doch eine Empfehlung in einem der zahlreichen Online-Shops. Ob bei Amazon oder Hugendubel, Bücher.de oder auch einfach auf meiner Homepage unter www.keser-wagner.de.